AF382669

PARKINSONS GESETZ

Die Tücken der Bürokratie

Verfasst von Pierre Pichère
In Zusammenarbeit mit Brigitte Feys
Übersetzt von Mareike Lobeck

PARKINSONS GESETZ

SCHLÜSSELINFORMATIONEN

- **Bezeichnungen:** Parkinsons Gesetz, Parkinsonsches Gesetz
- **Anwendungsbereiche:** Public Management, Verwaltung, öffentlicher Dienst, Personalverwaltung
- **Warum ist es so gut?** humorvolle, aber sehr aussagekräftige Theorie über Bürokratiewachstum, das in keinem direkten Zusammenhang mit dem Arbeitsumfang steht
- **Schlüsselwörter:**
  - <u>Beamter</u>: Angestellter im öffentlich-rechtlichen Sektor, der gegenüber seinem Dienstherrn in einem besonderen Dienst- und Treueverhältnis steht. Dieses wird vom Gesetzgeber gestaltet und gilt auf Lebenszeit.
  - <u>Verwaltung</u>: weisungsgebundene Organisation, die den Auftrag hat, zu verwalten. Die öffentliche Verwaltung ist Teil der ausführenden Gewalt.

- Public Management: Management (Steuerung und Gestaltung) des öffentlichen Sektors bzw. von Staat und öffentlicher Verwaltung
- <u>Bürokratie</u>: Beamten- und Verwaltungsapparat

EINLEITUNG

Hintergrund

Parkinsons Gesetz stellt die traditionellen Ansätze zur Arbeitszeit infrage und hebt humorvoll die Schwächen der bürokratischen Verwaltung in der zweiten Hälfte des 20. Jahrhunderts hervor.

1955, in einer Zeit, in der die negativen Wirkungen der Bürokratie angeprangert werden (wie beispielsweise in George Orwells berühmtem Roman *1984*, der 1949 erschien), veröffentlicht Cyril Northcote Parkinson (1909-1993) einen Artikel mit viel britischem Humor, in dem er das nach ihm selbst benannte Gesetz formuliert. Dieses besagt, dass die Anzahl der Angestellten im öffentlichen Dienst unabhängig vom bestehenden Arbeitsumfang in einem bestimmten Rhythmus zunimmt (Ergebnis einer ausgedachten mathematischen Formel).

Definition

Parkinsons Gesetz beruht auf drei Säulen:

- Um eine bestimmte Aufgabe zu erledigen, braucht eine Person die gesamte Zeit, die dafür zu Verfügung steht.
- Ein Beamter zieht es immer vor, anstelle eines Rivalen einen Untergebenen zu haben.
- Beamte schaffen sich gegenseitig Arbeit.

Diese drei Aussagen erklären die natürlich steigende Zahl von Angestellten im öffentlichen Dienst. Obwohl Parkinsons Gesetz vor allem humoristischer Natur ist, erklärt es doch auch auf verständliche Weise die Entstehung von Bürokratie.

PARKINSONS GESETZ IN DER THEORIE

Der Staat gewährleistet die Aufgaben der öffentlichen Gewalt (Justiz, Polizei, Diplomatie etc.). Neben dieser historischen Funktion hat er im Laufe des 20. Jahrhunderts Sozialleistungen entwickelt, die z. B. Bildung, Gesundheit und Renten abdecken. Dieser zweite Bereich kann je nach Staat sehr unterschiedliche Formen annehmen, er ist jedoch in ganz Europa in Form von „Sozialstaaten" vertreten.

Um diesen großen Apparat am Laufen zu halten, werden Angestellte benötigt: die Beamten. Beamte sind Angestellte im öffentlich-rechtlichen Sektor, die gegenüber ihrem Dienstherrn in einem besonderen Dienst- und Treueverhältnis stehen.

GUT ZU WISSEN: ANGESTELLTE IM ÖFFENTLICHEN DIENST

In Deutschland wird im öffentlichen Dienst zwischen einfachen Angestellten und Beamten unterschieden. Letztere erhalten eine Ernennungsurkunde und werden so in ein öffentlich-rechtliches Dienst- und Treueverhältnis berufen. Die Zahl der Beamten liegt in Deutschland bei etwa 1,6 Millionen. Insgesamt waren 2016 etwa 4,69 Millionen Menschen im öffentlichen Dienst beschäftigt.

Der gesunde Menschenverstand besagt, dass die öffentliche Gewalt Angestellte je nach den Aufgaben, die ihr anvertraut werden, einstellt. Die Anzahl der Beamten sollte also logischerweise in dem Maß ansteigen, wie das Eingreifen der öffentlichen Gewalt zunimmt. Parkinsons Gesetz widerspricht dieser Vorstellung.

In seinem 1955 in der angesehenen britischen Wochenzeitung *The Economist* veröffentlichten Artikel schildert Parkinson als Grundlage seiner Argumentation genau das Gegenteil. Seiner Darstellung zufolge liegt das jährliche Wachstum der Beamtenzahl unabhängig vom Arbeitsumfang bei 5,7 %.

Parkinsons Darlegung wechselt zwischen ernsthaften Fakten und der Absicht, seine Leser zu unterhalten. Anfang der Achtzigerjahre zitiert der französische Demograph und Wirtschaftswissenschaftler Alfred Sauvy (1898-1990) im Vorwort für die französische Ausgabe eines Werks über Parkinsons Gesetze dann auch lieber den Komiker Raymond Devos (1922-2006) und den Regisseur und Schauspieler Jacques Tati (1907-1982) – beide Franzosen – als die klassischen britischen Wirtschaftswissenschaftler Adam Smith (1723-1790) und David Ricardo (1772-1823) – und zählt Parkinson zu den größten Kabarettisten seiner Zeit. Doch diese Unterhaltungskunst bezieht sich vor allem auf den britischen Humor und weniger auf die Schlussfolgerung selbst, welche im Management des öffentlichen Dienstes zu einem Klassiker geworden ist.

Als Ausgangspunkt seiner Argumentation unterstreicht Parkinson, dass die Ausführung einer Aufgabe umso länger dauert, je mehr Zeit dafür zur Verfügung steht. Er veranschaulicht dies am Beispiel einer älteren Dame und eines jungen Mannes, die beide eine Postkarte versenden. Aussuchen der Karte, Verfassen des Texts, Frankierung, Aufgabe bei der Post: Für jemanden, der nichts anderes zu tun hat, werden diese Tätigkeiten sicherlich einen ganzen Tag in Anspruch nehmen, während eine sehr beschäftigte Person lediglich eine halbe Stunde für die Erledigung benötigt. Es gibt also keinen direkten Zusammenhang zwischen Arbeitsumfang und der Anzahl an Angestellten, die mit der Ausführung dieser Arbeit betraut wurden: All das ist eine Frage der Effektivität!

Parkinsons Gesetz beruht auf zwei Lehrsätzen.

- **Ein Beamter zieht es immer vor, anstelle eines Rivalen einen Untergebenen zu haben.** Parkinson erläutert diese Aussage in seinem Artikel. Findet ein Beamter, dass er zu viel Arbeit hat (ob nun berechtigt oder nicht), hat er drei Möglichkeiten. Er kann:
  - seine Stelle aufgeben
  - um die Einstellung eines Mitarbeiters bitten
  - einen Untergebenen verlangen

Aus Karriere- und Beförderungsgründen ziehen Beamte für gewöhnlich einen ihnen untergeordneten Angestellten einem Kollegen vor, welcher langfristig zum Rivalen werden könnte. Außerdem werden sie lieber zwei als einen einstellen, um zudem Rivalität zwischen sich selbst und dem Untergebenen zu vermeiden. Das gleiche Problem wird sich einige Jahre später für die beiden Neueingestellten ergeben, sodass nach einiger Zeit bereits fünf Personen dort arbeiten, wo bis vor kurzem noch eine einzige ausgereicht hat.

- **Beamte schaffen sich gegenseitig Arbeit.** Die steigende Anzahl an Beamten führt dazu, dass die bürokratischen Abläufe komplexer werden, was wiederum Neueinstellungen rechtfertigt. Hat ein Beamter nach der Einstellung von zwei Untergebenen enorm viel Arbeit, muss er vorher ja geradezu mit Arbeit überhäuft gewesen sein. Laut Parkinson entsteht jedoch ein großer Teil des Arbeitsumfangs durch die Einstellungen selbst, da sich die Freigabeschritte nun vervielfacht haben.

Aus diesen beiden Tendenzen leitet Parkinson ein Gesetz ab, dem er seinen eigenen Namen gibt und das er in einer mathematischen Formel ausdrückt:

Parkinsons Gesetz

$$x = \frac{(2\,k^m + l)}{n}$$

- *k* steht für die Anzahl Beamter, die befördert werden wollen, indem sie Untergebene ernennen, die ihnen helfen sollen
- *l* steht für den Unterschied zwischen dem Alter der Ernennung und dem Alter der Pensionierung
- *m* steht für die Anzahl an Stunden, die pro Mitarbeiter benötigt werden, um auf interne Memoranden des Ministeriums zu antworten
- *n* steht für die Anzahl neuer Angestellter, die jedes Jahr benötigt werden

Um die Wachstumsrate zu ermitteln, wird dieses Produkt mit 100 multipliziert und anschließend durch die Gesamtanzahl des Vorjahres (*yn*) geteilt. Das ergibt:

Wachstumsrate

$$\frac{100\,(2\,k^{m} + l)}{yn}\,\%$$

Parkinsons Gesetz besagt, dass diese Rate zwischen 5,17 % und 6,56 % beträgt, unabhängig vom Arbeitsumfang.

PARKINSONS GESETZ: SCHWÄCHEN UND ERGÄNZUNGEN

Welche Bedeutung sollte Parkinsons Gesetz zugemessen werden? Die wissenschaftliche Aufmachung hebt den provokativen Aspekt der Theorie hervor. Sie reiht sich, wenn auch ironisch, in ähnliche Überlegungen zu Bürokratie und deren Kehrseiten ein.

SCHWÄCHEN UND KRITIK

Quantifizierung und Wachstumsrate

Die Schwäche in der Methode von Parkinsons Gesetz ist offensichtlich, da sich die meisten Werte der Gleichung nicht ermitteln lassen. Wie soll beispielsweise die Zahl an Beamten bestimmt werden, die befördert werden möchten? Dazu bräuchte man ein Instrument zum Gedankenlesen, wovon der Staat jedoch weit entfernt ist. Auch die Messung der Stundenanzahl für die Beantwortung von Memoranden lässt schmunzeln, jedoch müsste zwischen nützlichen Antworten und solchen unterschieden werden, auf die die Verwaltung auch verzichten könnte.

Das Ergebnis der Gleichung, eine Wachstumsrate zwischen 5,17 % und 6,56 %, kann also nicht wörtlich genommen werden. 20 Jahre nach der Formulierung seines Gesetzes versucht Parkinson, dessen Gültigkeit in einem weiteren Artikel nachzuweisen. Bei einer Untersuchung von Beamten in der britischen Verwaltung erkennt er selbst die Schwachpunkte der statistischen Grundlage seiner Argumentation. Ausgehend von einer Analyse der Beamten einiger britischer Verwaltungseinheiten, vor allem des Kriegsministeriums, befindet er sein Gesetz trotzdem für gültig. Doch auch diesmal ist sein Artikel sehr satirisch und schließt mit dem Hinweis, dass ruhig darüber gelacht werden dürfe.

Es sollte also vor allem der Ansatz von Parkinsons Gesetz betrachtet werden und weniger die Rechenformel, deren Zweck mit Sicherheit weit humoristischer als wissenschaftlich ist. Die wichtigsten Erkenntnisse von Parkinson sind:

- Die Zeit, die für die Ausführung einer Aufgabe benötigt wird, nähert sich der Zeit an, die tatsächlich für die Ausführung zur Verfügung steht.

- In einem bürokratischen System steigt die Anzahl der Angestellten meist schnell an, was zum einen an den bestehenden Laufbahnen der Beamten liegt, zum anderen aber auch an der Vervielfachung der Prozesse, die die Beteiligung von zusätzlichem Personal rechtfertigen. Diese Tendenz zu einer wachsenden Beamtenanzahl führt zu einem wirtschaftlichen Stillstand, da diese Stellen über Steuern finanziert werden. Auch die Steuern steigen so lange, bis sie einen Wert erreicht haben, der das Wirtschaftssystem lahmlegt.

Nicht auf Unternehmen anwendbar oder mit Managementpraktiken vereinbar

Parkinsons Gesetz kann aufgrund von Produktionszwängen und zunehmender Beschäftigungsveränderung nicht auf Unternehmen angewandt werden. Ganz im Gegenteil reduzieren diese eher ihre Mitarbeiterzahl als sie zu vergrößern. Parkinsons Gesetz räumt Managementtechniken und Personalverwaltung kaum Platz ein. Doch gerade diese fördern die Motivation in Teams, um deren Produktivität zu steigern und dagegen vorzugehen, dass immer mehr Zeit benötigt wird, um eine bestimmte Aufgabe auszuführen.

VERWANDTE MODELLE

Parkinsons Gesetz erfreut sich weiterhin großer Beliebtheit. Es steht in Verbindung mit weiteren Ansätzen und Gesetzen, die – teilweise – ins Allgemeinwissen übergegangen sind und an die von Parkinson entwickelten Grundsätze erinnern.

- 1970 formuliert der kanadische Pädagoge und Psychologe **Laurence J. Peter** (1919-1990) das nach ihm benannte Peter-Prinzip. Da kompetente Mitarbeiter so lange weiter auf höhere Stellen befördert werden, bis die Stellenanforderung ihre Kompetenz überschreitet, wird immer ein Punkt erreicht, an dem die Stellen eines Unternehmens (vor allem im Management) von inkompetenten Mitarbeitern besetzt sind. Dieses Prinzip nähert sich dem Teil von Parkinsons Gesetz an, das sich mit der Beförderung von Beamten beschäftigt.

- 1975 veröffentlicht der Informatiker und Universitätsprofessor **Frederick P. Brooks** (geboren 1931) sein Buch *The Mythical Man-Month: Essays on Software Engineering*[1]. Darin erklärt er, wie die Zuteilung zusätzlicher Arbeitskräfte zu einem bereits verzögerten Projekt dieses nur noch weiter verzögert. Damit kritisiert er die im Projektmanagement häufig verwendete Maßeinheit „Mann-Monat", die die von einer Person in einem Monat erledigte Arbeit beschreibt. Dieser Umfang hängt aber sehr stark von der allgemeinen Projektorganisation, den Arbeitsbedingungen usw. ab. Die Schlussfolgerung des Buches stimmt mit der Beschreibung Parkinsons überein, dass die benötigte Arbeitszeit von der Zeit abhängt, die einer Person insgesamt für die Ausführung zur Verfügung steht. Der Ansatz wurde auch mit dem Gesetz der Ausdehnung von Gasen in Verbindung gebracht – dies dient aber vielmehr einem Vergleich, als dass eine wirkliche Ähnlichkeit bestünde.

---

1. Auf Deutsch erschienen unter dem Titel: *Vom Mythos des Mann-Monats. Essays über Software-Engineering.* Aus dem Amerikanischen von Armin Hopp und Arne Schäpers, 1975. Übersetzung der 2. Auflage von 1995 von Arne Schäpers, mitp-Verlag: Bonn 2003.

- Wenn man Parkinson auf der Mitte zwischen Humor und Wirtschaft ansiedelt, kann er auch mit dem französischen Industriellen und Schriftsteller **Auguste Detœuf** (1883-1947) verglichen werden. Der Fachschulingenieur und Autor mehrerer Sammlungen von Maximen und Überlegungen ist Gründer des Konzerns *Alstom* (bis 1998 *Alsthom*). In seinen Texten stellt er Überlegungen zur Wirtschaftswelt an, häufig mit Bezug auf die Zeit und deren effizienterer Einteilung. Seine humorvollen Aussagen stimmen mit Parkinsons Gesetz über die Ausdehnung der Zeit überein, die für die Ausführung einer bestimmten Aufgabe benötigt wird.

In den Sozialwissenschaften haben seit Beginn des 20. Jahrhunderts mehrere Autoren die Auswirkungen der Bürokratie untersucht. Ihre Ergebnisse stimmen mit Parkinsons Aussagen überein. Drei dieser Autoren seien im Folgenden genannt:

- Laut dem deutschen Soziologen **Max Weber** (1864-1920) bringt der Kapitalismus eine neue Form der Herrschaft mit sich. Während der Feudalismus durch die traditionale (besitzgebundene) Autorität des Herrschenden und der Despotismus (wie zum Beispiel unter Napoleon Bonaparte) durch die charismatische (personengebundene) Autorität des uneingeschränkten Herrschers gekennzeichnet sind, verlangt der Kapitalismus die Einhaltung von Regeln und entspricht damit einer Herrschaft der Rationalität. Eine Person regiert aufgrund ihrer Position in der Hierarchie und entsprechend der Macht, die das Gesetz dieser Position zuschreibt. So entsteht Bürokratie. Weber verwendet diesen Begriff ohne negative Konnotationen zur Beschreibung des wachsenden Raums, den die Verwaltung von Staat und Unternehmen in der modernen Gesellschaft einnimmt. Er sieht Bürokratie vielmehr als höchste Gesellschaftsform an, da sie auf dem Rechtsprinzip beruht und daher die Machtausübenden überdauert.

- Der Ansatz des österreichisch-amerikanischen Wirtschaftswissenschaftlers **Ludwig von Mises** (1881-1973) übt wesentlich mehr Kritik. 1944 prangert er in *Bureaucracy*[2] das zuneh-

---

2. Auf Deutsch erschienen unter dem Titel: *Die Bürokratie*. Aus dem Amerikanischen von Carsten und Jörg-Guido Hülsmann. Academia: Sankt Augustin 1997.

mende Gewicht der öffentlichen Verwaltung in der Wirtschaft an, ebenso wie ihr Ausbremsen der Wirtschaftstätigkeit. Dieses Werk könnte Parkinson inspiriert haben, dessen ausgedachte Regel vorgeblich die Wachstumsrate der Beamtenzahl beschreibt und der sich vor dem Moment fürchtet, in dem Beamte die gesamte arbeitende Bevölkerung ausmachen werden.

- Der französische Soziologe **Michel Crozier** (1922-2013) zeigt im Rahmen seiner Untersuchungen, wie sich Angestellte eines bürokratischen Systems nach und nach über Regeln hinwegsetzen, um sich so mehr Freiraum zu verschaffen. Die Ergebnisse könnten erklären, warum Angestellte großer Organisationen immer mehr Zeit benötigen, um ihre Arbeit zu erledigen und so Einstellungsbedingungen für neue Angestellte schaffen, wie Parkinson es beschreibt.

Seit den 1970er Jahren beschäftigt sich das Public Management mit der Führung von öffentlichen Verwaltungen und sucht nach Modernisierungsmöglichkeiten, die stark vom Management in Privatunternehmen beeinflusst sind. Benutzer wie Kunden zu behandeln bedeutet die Entwicklung von Einrichtungen, die performante Leistungen anbieten, und eine gewisse Zurückhaltung des Staats, der sich fortan darauf beschränkt, Richtlinien vorzugeben. Dieser vielfach angewandte, aber auch stark kritisierte Ansatz bemüht sich, Bürokratie und ihre Schwächen hinter sich zu lassen.

PARKINSONS GESETZ IN DER PRAXIS

Sowohl in großen Unternehmen als auch in der öffentlichen Verwaltung versuchen Manager häufig Maßnahmen einzuführen, mit denen sie gegen die von Parkinson beschriebenen Grundtendenzen vorgehen wollen.

In der öffentlichen Verwaltung stehen jedoch meist weniger Mittel zur Verfügung als im Privatsektor. Der Beamtenstatus schränkt die hierarchische Macht ein: Beamten können nur in Ausnahmefällen entlassen werden und die Höhe ihres Gehalts hängt selten von Performance-Zielen ab. In allen westlichen Staaten ist der aktuelle Trend jedoch, die Effektivität der öffentlichen Verwaltung zu verbessern. Dabei sollte(n)

- die Angestellten besser kontrolliert werden – um so zu verhindern, dass immer mehr Zeit für die Ausführung der gleichen Arbeit verwendet wird
- die Verwaltungsverfahren vereinfacht und so bürokratische Tendenzen entgegengewirkt werden

- das Wachstum des öffentlichen Dienstes eingeschränkt werden, vor allem durch die Reduzierung von Beamtenstellen. Damit würde verhindert, was Parkinson vorausgesagt hat: dass die Beamtenzahl unausweichlich um einen bestimmten Wert wachsen wird.

TIPPS UND BEST PRACTICES

Steuerung durch Zielvorgaben

In vielen Ländern wurde eine Führung durch Zielvorgaben eingesetzt. Bis zu Beginn der 1990er Jahre waren Zielvorgaben und Mittel in Staatshaushalten selten miteinander verknüpft. In den meisten Mitgliedsstaaten der OECD (*Organisation for Economic Co-operation and Development*, auf Deutsch *Organisation für wirtschaftliche Zusammenarbeit und Entwicklung*) wurde dies nach und nach umgesetzt. Das 2001 in Frankreich verabschiedete und 2006 in Kraft getretene Organgesetz zu den Finanzgesetzen (*loi organique relative aux lois de finances*, LOLF) folgt beispielsweise diesem Trend. Es sieht einzelnen Programmen zugeordnete Haushaltsposten und zusätzliche Ausgaben für die Kontrolle der Umsetzung vor. Mit den zugewiesenen Mitteln soll die entsprechende Einrichtung bzw. Verwaltung also unter Kontrolle des Parlaments bestimmte Ziele erfüllen. Dieses neue Vorgehen soll die Arbeit der Verwaltung und ihrer Angestellten besser organisieren und somit gegen die negativen Auswirkungen der Bürokratie (wie sie von Parkinson beschrieben wurden) ankämpfen. Die Ziele müssen dabei klar definiert und zahlenmäßig begrenzt sein, um Widersprüche untereinander zu vermeiden.

Entwicklung von Anreizen und Kontrolle

Zum Einbezug von Beamten wurde viel experimentiert, um die Führung durch staatliche Zielvorgaben zu unterstützen. Angestellte zu mehr Leistung anzuregen und die Kontrolle zu verstärken läuft letztlich auf dieselbe Frage hinaus: Wie kann die Produktivität im öffentlichen Dienst erhöht werden?

Dänemark hat beispielsweise ein System entwickelt, in dem das vertraglich festgelegte Gehalt für Beamte zu 20 % von der Leistung abhängt. Die Bewertung geschieht im Dialog zwischen Beamten und deren Vorgesetzten in Anwesenheit eines Gewerkschaftsvertreters.

Eine Untersuchung der vor etwa 20 Jahren ein-geführten Politik zeigt, dass Leistungsvorgaben mehr Akzeptanz finden, wenn ein Teil des Gehalts davon abhängt, sofern die Beamte die Bewertungskriterien und -methoden verstanden und verinnerlicht haben. Andere Staaten haben die Gewinnbeteiligung von Managern im öffent-lichen Dienst, bspw. in Behörden und Agenturen, ausgebaut. Sie erhalten je nach Ergebnissen ihrer Teams Zulagen oder werden befördert.

Schließlich sollten hierzu noch aussagekräftige Leistungskennzahlen bestimmt werden. Diese müssen den Zielvorgaben des öffentlichen Dienstes entsprechen, ohne dabei rein buchhal-terisch zu sein. Es wäre beispielsweise schwierig, die Leistung eines Polizeibeamten anhand seiner ausgestellten Strafzettel oder ausgeführten Festnahmen zu messen. Doch wie kann vor-beugende Arbeit gegen Kriminalität bewertet werden? Wie lässt sich etwas messen, das nicht stattgefunden hat? Außerdem besteht in allen Bereichen – privat oder öffentlich – das Risiko der Bewertungsverfälschung durch die bewerte-ten Akteure. Diese werden immer Wege finden, um die gemessenen Kennzahlen zu verbessern, und dadurch andere Aspekte ihrer Arbeit – die zwar genauso wichtig, aber nicht so gut messbar sind – vernachlässigen. Leistungsmessung zur Kontrolle im Hinblick auf gesetzte Ziele bedarf also Vorsicht und reiflicher Überlegung.

Schließlich können Anreize und Kontrolle auch durch den Status des öffentlichen Dienstes eingeschränkt werden. In Staaten, in denen es ein Laufbahnsystem gibt, kann die Unkündbarkeit von Beamten auf Lebenszeit die Umsetzung von tatsächlichen individuellen oder gemeinschaftlichen Anreizsystemen behindern.

LAUFBAHNSYSTEM UND POSITIONSSYSTEM

Im öffentlichen Dienst wird zwischen zwei Organisationssystemen unterschieden:

- In Laufbahnsystemen treten Angestellte nach einer Prüfung oder einem Auswahlverfahren in das Beamtentum ein. Sie sind in eine hierarchische Struktur eingeordnet, in der eine Beförderung von für das jeweilige Dienstalter und für dienstliche Beurteilungen vergebenen Punkten abhängt. Die Arbeitsplatzsicherheit ist in der Regel garantiert.

- Im Positionssystem hingegen wird die für eine bestimmte Position am qualifiziertesten erachtete Person einberufen, selbst wenn diese noch nicht im öffentlichen Dienst arbeitet. Dieses System ist flexibler und nähert sich dem privaten Arbeitsmarkt an.

In Deutschland existieren beide Systeme nebeneinander: Für Beamte gilt das Laufbahnsystem und für Tarifbeschäftigte das Positionssystem. Generell gilt im Laufbahnrecht der Leistungsgrundsatz, das heißt, bei Einstellung und Beförderung ist die Befähigung entscheidend. Gleichzeitig ist auch gesetzlich festgelegt, dass sowohl Laufbahnbewerber als auch andere Bewerber regelmäßig zu durchlaufende Besoldungsgruppen nicht überspringen sollten.

Reduzierung der Belegschaft

Parkinsons Gesetz wurde in den 1950er Jahren formuliert, einer Zeit des starken Wachstums in relativ geschlossenen Volkswirtschaften, als weder das Volumen der öffentlichen Ausgaben noch der Wettbewerb zwischen Steuersystemen diskutiert wurden. Die Lage hat sich seitdem ziemlich verändert. Die Haushaltslage ist vor allem seit der Finanzkrise 2008 angespannt und die europäischen Staaten versuchen, die Ausgaben in den Griff zu bekommen. Wichtige Stabilisierungsmaßnahmen bzw. Kürzungen der öffentlichen Belegschaft wurden seit Beginn der Neunzigerjahre umgesetzt. Die Zahlen der OECD lassen in den meisten Mitgliedsstaaten zwischen 1991 und 2001 eine relativ stabile Anzahl der Beamten erkennen. Nur in Luxemburg liegt die durchschnittliche Wachstumsrate bei 4 %. In Deutschland sank der Anteil der Staatsbediensteten von 11,1 % im Jahr 2000 auf 9,5 % aller Erwerbstätigen im Jahr 2008.

Es wurden mehrere Strategien umgesetzt:

- In vielen Ländern haben seit den Neunzigerjahren Privatisierungen den Beamtenstatus verändert, sowohl von bereits beschäftigten als auch von neu eingestellten Beamten. Die Reduzierung der Staatstätigkeiten zeigt sich in Deutschland beispielsweise durch die

Privatisierung großer Unternehmen wie der *DPD Telekom.* Die entsprechenden Beamten der ehemaligen *Deutschen Bundespost* wurden zwar in die *Deutsche Telekom AG* – an der vom Staat nur noch ein kleiner Prozentsatz der Anteile gehalten wird – übernommen, neu eingestellt werden jedoch nur noch Angestellte des privaten Rechts.

* Viele Staaten versuchen seit einigen Jahren, die Angestelltenzahl im öffentlichen Dienst zu beschränken. Ein Verzicht auf die Ersetzung von ausscheidenden Beamten oder Einstellungsstopps führten bisher zu einer stagnierenden bzw. leicht zurückgehenden Beamtenzahl.
* Einige Staaten haben das Eintreffen von Parkinsons Gesetz noch viel entschiedener abgewehrt, indem sie eine brutalere Politik zur drastischen Reduktion der Beamtenzahl anwandten. So hat sich beispielsweise der deutsche Staat in den Neunzigerjahren im Zuge der Wiedervereinigung von einigen Beamten getrennt.

Dezentralisierungsmaßnahmen können auch einen nur scheinbaren Rückgang zur Folge haben. Nach den Daten des französischen

Rechnungshofs blieb die Größe der Belegschaft im öffentlichen Dienst zwischen 2000 und 2007 stabil – eine Premiere in Frankreich, das fest an die staatliche Intervention gebunden ist. Gleichzeitig ist jedoch die Anzahl an Stellen im regionalen öffentlichen Dienst um 400.000 Beamte angestiegen, da die verschiedenen Maßnahmen zur Dezentralisierung den Gebietskörperschaften neue Verantwortungsbereiche zugeschrieben haben, darunter vor allem technisches Fachpersonal für Mittelschulen (bzw. *collèges*, in der Exekutive eines Départements) und Oberschulen (bzw. *lycées*, in der Exekutive einer Region). Es handelt sich hierbei also vielmehr um eine Umschichtung als um eine wirkliche Stabilisierung der Belegschaft im öffentlichen Dienst.

FALLSTUDIE – DIE BELGISCHE VERWALTUNG

Belgien ist ein interessantes Beispiel für einen starren öffentlichen Dienst mit einer recht großen Belegschaft, die Ende 2013 ungefähr 840.000 Angestellte umfasste. Kürzliche Reformen sollten das von Parkinson beschriebene, stetige Wachstum der Belegschaft aufhalten. Dies ist zum einen eine Reaktion auf die Wirtschaftskrise, zum anderen aber auch der Versuch, den Vertrauensverlust zwischen Verwaltung und Verwalteten auszugleichen. Auch wenn einige staatliche Maßnahmen ergriffen wurden, ermöglichte die zunehmende Föderalisierung des Landes den Regionen und Gemeinschaften gleichzeitig, ihre Belegschaften zur Erfüllung ihrer Missionen auszuweiten, sodass die Beamtenzahl letztendlich weiter angestiegen ist.

Der öffentliche Dienst modernisiert sich...

Traditionellerweise zeichnet sich der öffentliche Dienst in Belgien durch geringe Mobilität der Beamten, ein stark Laufbahn-fokussiertes System und eine gewisse Unbeweglichkeit aus, wie dies auch bei vielen europäischen Behörden der Fall ist. Wegen der seit den Neunzigerjahren immer schwerer wiegenden Staatsverschuldung, die 1993 auf ein Hoch von 137 % des BIP anstieg, begann das Königreich, seinen öffentlichen Dienst zu modernisieren, um die Kosten zu begrenzen und gleichzeitig die Effektivität zu verbessern. Der öffentliche Dienst erbringt ungefähr 17 % des BIP. Dieser Wert ist relativ niedrig, allerdings muss noch das Krankenhauspersonal hinzugezählt werden, das in der Statistik nicht berücksichtig wird.

Auf föderaler Ebene wurden diverse Programme eingeführt, die die Leistung steigern und gegen die von Parkinson beschriebene, exzessive Ausdehnung der benötigten Arbeitszeit und Vervielfachung der Beamtenzahl vorgehen sollen werden. Dazu gehören unter anderem Management-Fortbildungsprogramme, Karrieremobilitätsprogramme und Initiativen, die Führungskräfte zur Verantwortung ziehen sollen. Auch die Regionen und Gemeinschaften haben ihre Methoden angepasst. In der Flämischen Region wurden für hochrangige Beamte Sechs-Jahres-Mandate eingeführt. Die Verwaltung wurde in Direktionen neuorganisiert, zudem wurden Managern wichtige Befugnisse übertragen. In der Wallonischen Region kam es zu Zusammenlegungen, außerdem trennte die regionale Behörde operative von übergreifenden Funktionen.

... doch die Föderalisierung bestätigt Parkinsons Gesetz

Der belgische Föderalstaat betreibt zudem eine Politik der Belegschaftsreduzierung im öffentlichen Dienst. Bei der (zur Einhaltung des Europäischen Stabilitäts- und Wachstumspakts beschlossenen) Mittelbindung des Königreichs wurden für die Jahre 2010-2014 signifikante Einsparungen bei den Personalkosten eingeplant. In den Jahren 2013 und 2014 waren dies jeweils mehr als 300 Millionen Euro.

Gleichzeitig hat das Land die Föderalisierung vorangetrieben und den lokalen und regionalen Behörden zahlreiche Kompetenzen übertragen. Die Maßnahmen zur Einschränkung der Beschäftigung im öffentlichen Dienst auf nationaler Ebene wurden von der Expansion des öffentlichen Dienstes in Regionen und Gemeinschaften durchkreuzt. Die Beschäftigung im öffentlichen Dienst auf föderaler Ebene ist zwischen 2000 und 2010 leicht angestiegen – insgesamt um 4,5 % (und damit weit entfernt von den 5-6 %, die Parkinson annahm). In der gleichen Zeit ist die Beschäftigung in den Gemeinschaften und Provinzen allerdings um 20,5 % und in den Regionen um 22,7 % angestiegen. Nimmt man alle Ebenen zusammen, ist die Beschäftigung im öffentlichen Dienst zwischen 2000 und 2010 schneller gewachsen als die

Gesamtbeschäftigung (13,8 % gegenüber 9,2 %). Die Instabilität des Privatsektors bremst außerdem die Bewerber auf der Suche nach einem sicheren Arbeitsplatz aus, der ihnen eine gewisse Kontinuität in ihrer Karriere und ihren Aufgaben bietet.

Das Beispiel veranschaulicht die Schwierigkeiten, auf die Staaten beim Stellenabbau im öffentlichen Dienst stoßen können. Neue Managementpraktiken können die Nachwirkungen der ehemaligen Regelungen kaum abschwächen. Die berechtigten Erwartungen der Bevölkerung bezüglich des öffentlichen Dienstes sowie eine beispielsweise in Belgien sehr stark ausgeprägte (aber durchaus auch in anderen europäischen Ländern vorhandene) Dezentralisierungs- bzw. Föderalisierungsbewegung erschweren die Kontrolle der Beschäftigtenzahlen – ganz abgesehen davon, dass der öffentliche Dienst im Kampf gegen Arbeitslosigkeit eingesetzt werden kann. Allerdings haben die Europäische Kommission und der Rechnungshof genauso wie die Finanzmärkte ein scharfes Auge auf die öffentlichen Haushalte. Zudem drückt die Globalisierung die Steuersätze, indem sie einen

Wettbewerb zwischen den Steuersystemen der westlichen Staaten schafft. In einer solchen Zeit steht der Abbau überflüssiger Stellen ganz zwangsläufig auf der politischen und wirtschaftlichen Agenda und alle Staaten versuchen gleichermaßen, Parkinsons Vorhersagen abzuwenden – und sind dabei mehr oder weniger erfolgreich.

ZUSAMMENGEFASST

- Parkinsons Gesetz prognostiziert einen jährlichen Anstieg der Beamtenzahl zwischen 5,17 % und 6,56 %, unabhängig vom Arbeitsumfang.
- Cyril Northcote Parkinson basiert seine Argumentation auf drei Säulen:
  - Um eine bestimmte Aufgabe zu erledigen, braucht eine Person die gesamte Zeit, die dafür zu Verfügung steht.
  - Ein Beamter zieht es immer vor, anstelle eines Rivalen einen Untergebenen zu haben.
  - Beamte schaffen sich gegenseitig Arbeit.
- Das sehr satirische Gesetz von Parkinson reiht sich in weitere, etwas wissenschaftlichere Theorien zur Bürokratie ein.
- Es weist Leser auf eine große finanzielle Herausforderung hin, scheint jedoch den Aspekt der Personalverwaltung und Effektivität komplett außen vor zu lassen.
- Heutzutage bringen Verwaltungen vor allem im Personalbereich große Anstrengungen auf, um gegen die natürliche Wachstumstendenz des öffentlichen Dienstes vorzugehen. Dies

geschieht vor allem, um die öffentlichen Ausgaben und die Qualität der öffentlichen Dienstleistungen für die Bevölkerung zu kontrollieren.

Ihre Meinung ist uns wichtig!
Hinterlassen Sie doch einen Kommentar auf der
Seite unserer Online-Buchhandlung
und teilen Sie Ihre Favoriten in den sozialen
Netzwerken!

DARÜBER HINAUS

LITERATURVERZEICHNIS

- Demonty, Bernard: „Record de fonctionnaires en Belgique". *Le Soir* (15.01.2013). http://www.lesoir.be/160948/article/actualite/belgique/2013-01-14/record-fonctionnaires-en-belgique (14.05.2018).

- Die Bundesregierung: „Zugang zum öffentlichen Dienst". *Bundesregierung.de.* https://www.bundesregierung.de/Content/DE/StatischeSeiten/Breg/Oeffentlicher-Dienst/2016-03-21-zugang-zum-oeffentlichen-dienst.html (11.05.2018).

- Laufbahnrecht: „Laufbahnsystem im öffentlichen Dienst". *Laufbahnrecht.de.* http://www.laufbahnrecht.de/laufbahnsystem (11.05.2018).

- Parkinson, Cyril Northcote: *Parkinsons Gesetz und andere Studien über die Verwaltung.* Econ: Düsseldorf 1999.

- OECD: „Études économiques de la Belgique 2011", (2011). https://www.oecd-ilibrary.org/economics/etudes-economiques-de-l-ocde-belgique-2011_eco_surveys-bel-2011-fr (14.05.2018).

- OECD: „Examen de l'OCDE sur la gestion des ressources humaines dans la fonction publique Belgique", (2007). http://www.oecd.org/fr/gouvernance/emploi-public/39375860.pdf (14.05.2018).

- OECD: „Moderniser l'État. La route à suivre", (2005). http://ebiz.turpin-distribution.com/products/191637-moderniser-letat-la-route-a-suivre.aspx (14.05.2018).

- Statistisches Bundesamt: „Öffentlicher Dienst". *destatis.de.* https://www.destatis.de/DE/ZahlenFakten/GesellschaftStaat/OeffentlicheFinanzenSteuern/OeffentlicherDienst/OeffentlicherDienst.html (09.05.2018).

- Volle Kanne: „Beamtentum – Auslaufmodell oder Zukunft". *zdf.de.* (17.01.2018). https://www.zdf.de/verbraucher/volle-kanne/beamtentum-100.html (09.05.2018).

WEITERFÜHRENDE LITERATUR

- Brooks, Frederick P.: *Vom Mythos des Mann-Monats. Essays über Software-Engineering.* Aus dem Amerikanischen von Arne Schäpers. 2. Aufl. mitp-Verlag: Bonn 2003.

- Gough, Leo: *C. Northcote Parkinsons Parkinsons Gesetz. 52 brillante Ideen für Ihr Business.*

Aus dem Englischen von Nikolas Bertheau. GABAL: Offenbach 2012.

- Peter, Laurence J.; Hull, Raymond: *Das Peter-Prinzip. Oder Die Hierarchie der Unfähigen*. Aus dem Englischen von Michael Jungblut. 17. Aufl. Rowohlt Taschenbuch: Reinbeck 2001.

- von Mises, Ludwig: *Die Bürokratie*. Aus dem Amerikanischen von Carsten und Jörg-Guido Hülsmann. Academia: Sankt Augustin 1997.